FERRET - 1970

PUBLICATIONS DE LA SOCIÉTÉ

pour l'Étude des langues romanes

ÉTYMOLOGIES

FRANÇAISES ET PATOISES

PAR

A. BOUCHERIE

PROFESSEUR AU LYCÉE DE MONTPELLIER

MONTPELLIER

AU BUREAU DES PUBLICATIONS

DE LA SOCIÉTÉ

POUR L'ÉTUDE DES LANGUES ROMANES

PARIS

A LA LIBRAIRIE DE A. FRANCK

(VIEWEG, propriétaire)

67, RUE RICHELIEU, 67

M DCCC LXXIV

ÉTYMOLOGIES

FRANÇAISES ET PATOISES

———

En étudiant le *Dictionnaire* de M. Littré, j'ai relevé quelques étymologies qui m'ont semblé douteuses ou fautives. Je n'ai pas besoin d'ajouter que c'est là l'exception, et que l'illustre savant, malgré l'immensité de sa tâche, a laissé bien peu à faire après lui.

Je publie aujourd'hui celles dont j'ai trouvé ou cru trouver la clé, suivant en cela l'exemple donné par M. G. Paris dans le *Recueil de la Société de linguistique de Paris*. J'y ai joint quelques étymologies relatives au patois et au vieux français.

La plupart me paraissent certaines, quelques-unes ne sont que probables, d'autres, en plus petit nombre, ne sont que possibles. Je n'ai pas cru néanmoins que je devais m'astreindre à donner seulement celles dont j'étais absolument sûr. En pareille matière, la conjecture, même quand elle est réduite à ne s'appuyer que sur l'analogie, doit être considérée comme un élément scientifique sérieux. C'est un pas de plus vers la solution du problème, une invitation en même temps qu'un secours pour qui peut mieux faire.

L'ordre alphabétique étant plus familier au lecteur, c'est celui que j'ai suivi.

Chaque étymologie est précédée de l'énoncé en quelque sorte algébrique des principales lois de permutation qui la régissent. De la sorte, un œil exercé pourra du premier coup deviner et contrôler la solution du problème, sans avoir, à la rigueur, besoin de suivre l'explication dans tous ses détails.

DOUBLE ORIGINE

1° *Adare* (latin) = *éer* = *ayer*.
2° *Adare* (latin) =*oer* = *oyer*.

Aboyer. — M. Littré cite les formes archaïques *abaier*, *aboer*, *aboier*, *abayer*, et les dérive de *ad* et de *baubari*.

Il ne serait pas impossible que *baubare*, forme active de *baubari*, eût formé *boer*, qu'on retrouve dans *aboer*, mais il n'aurait jamais produit *baier* et *bayer*. Il faut donc chercher un autre mot qui ait pu donner naissance en même temps à ces deux formes différentes, *baier* et *boer*. Ce ne peut être que *badare*, d'où viennent certainement *béer*, *bayer*, et qui, de plus, a pu très-bien former aussi *boer*, *boier*, *boyer*, comme *natalis* a formé *noel* et *nouel*; *natare*, *nouer*, en v. français, pour nager. L'action d'ouvrir la gueule, — car *badare*, comme le languedocien *badà*, le saintongeais *bader*, et le v. français *béer*, *bayer*, signifiait tenir la gueule, la bouche ou le bec ouverts, — aura été identifiée avec le bruit qui l'accompagne.

DOUBLE ORIGINE

1° **Ad-figicare*
2° **Affictare*.

Afficher. — On le dérive de *ad* et de *figicare*, forme fréquentative qu'on est en droit de supposer de *figere*. Cette dérivation paraît fondée quand *afficher* a simplement le sens de mettre une affiche; mais, quand il est synonyme de « feindre », comme dans cette expression « *afficher* de la douleur », il vaudrait mieux, ce semble, le rattacher à *ad-fictare*, fréquentatif supposable formé de *ad* et de *fingere*, supin *fictum*. Pour ce qui est de *ct* latin = *ch* roman, v. *Espincha*, p. 18.

FORMES VERBALES A THÈME DE COMPARATIF

Agencer aiguiser, alléger, chasser, forcer, hausser, tarzer, etc. — Je dérive ces verbes des comparatifs latins * *ad-genitior*, *acutior*, * *ad-levior*, *captior*, *fortior*, *altior*, *tardior*.

M. Littré les dérive de types b. latins en *iare: altiare*, *tardiare*, etc.; supposition parfaitement fondée, mais dont il n'indique pas le principe, à savoir que les comparatifs en *ior* ont pu former des verbes qui tantôt ont fait double emploi avec ceux qui provenaient de l'adjectif simple, — cf. *tarder* et *tarzer* (patois français), provençal, *tardar* et *tarzar*, al*léger* et *lever* — tantôt, et plus souvent, ont suppléé à la forme dérivée de l'adjectif, mais non admise par l'usage, ce qui est le cas pour *hausser*, *forcer*, *agencer*. Le v. français avait *genser* et *gencer*, rendre *gent*, rendre *joli*, expression conservée en Angoumois, où l'on dit *gencer* une chambre, la balayer, la rendre propre.

A la même espèce appartiennent *approcher* de *propior*, le v. français *greger* de *gravior*, tandis que le simple *grever* se dérive de *gravis* par *gravare*, etc.

Cette tendance à former des verbes comparatifs se manifeste même en latin, où elle avait formé un mot très-classique, puis que c'est le puriste Quintilien qui l'emploie, le mot *breviare*, dérivé de *brevior* et non de *brevis*. On remarquera que ces verbes comparatifs sont tous de la première conjugaison.

C'est encore dans cette série de verbes à thème de comparatif que l'on doit ranger *satiare* de *satior*, neutre *satius*.

Enfin il n'est pas inutile d'observer que l'idée de comparaison est virtuellement contenue dans tout verbe dérivé d'un adjectif, et que le langage est libre de la dégager. Ainsi « *s'approcher* de quelqu'un », c'est ou « aller *près* de lui », ou aller *plus près* de lui. »

V (latin) initial = *b*.

Baille. — « S. f. Terme de marine. Baquet qui sert à divers usages sur les vaisseaux. — Etym. Ital., *baglia*; du bas-bret. *bal* (*l* mouillée), *balek* (*l* mouillée), baquet; anglais, *pail*. » Littré.

Ce mot est usité, avec le même sens, dans les patois de l'Ouest, et se prononce *bâille*. Je le dérive du latin *vasculum*, pluriel *vascula*. On sait que les neutres pluriels ont souvent formé des noms féminins en français: cf. *arma*, armes. Quant au changement de *v* latin initial en *b*, on peut dire que, s'il est rare, il n'est pas sans exemple: cf. *baud* de *validus*, *baiser* de *vitiare*, *brebis* de *vervex*.

1° *L* (latin*)* initial $=bl$ (*?*).
2° Nasalisation de la voyelle devant le groupe latin *ct*.
3° *Ct* (latin) $= ch$.

Blanc, blanche. — « Provenç., *blanc;* espagn. *blanco ;* portug., *blanco;* ital. *bianco;* de l'anc. haut allem. *blanch,* blanc. » Littré.

Puisque l'épenthèse du *b* ou du *g* devant la liquide *r* est normale,—cf. *grenouille,* de *ranuncula; brusc,* sorte de bruyère, de *ruscum* ou *ruscus,*—pourquoi ne l'aurait-elle pas été devant l'autre liquide *l,* qui a tant d'affinités avec *r ?* En partant de cette supposition, on pourrait rattacher *blanc, blanche,* au latin *lacteus,* **blacteus,* **blancteus.* La nasalisation de *a* devant *ct* et la permutation de *ct* en *ch* ne font pas difficulté. (V. plus loin *Espincha,* p. 18.) Quant au sens, on ne peut rien désirer qu[i] cadre mieux. Du reste, l'épenthèse du *b* devant *lacteus* ne serait guère qu'une trace persistante du γ originel, qui s'était maintenu dans le grec γάλακτος.

1° *L* (latin) initial $= bl$ (?).
2° *Dicare* (latin *)* $=$ *cher* $=$ *cer* $=$ *sser*.

Blesser. — En v. français *blecer, blecier* et plus rarement *blecher.* Diez le dérive du moyen allemand *bletzen,* rapiécer; *bletz,* lambeau de cuir. Ne vaut-il pas mieux, en supposant l'épenthèse du *b,* le rattacher au latin *lædere,* blesser, par l'intermédiaire de **blædicare,* qui aurait formé régulièrement *blecher* et *blecer ?*

P (latin) initial $= b.$

Boulanger. — M. Littré tire le nom du verbe. «*Boulanger,* v. a. — ETYM. Berry, *boulange,* mélange de foin et de paille, préparé pour la nourriture des bestiaux ; *boulanger* de la paille et du foin, en faire un mélange. Du Cange le tire de *boule;* d'où *boulange,* qui se trouve en effet dans le Berry, et enfin *boulanger,* mêler, pétrir. »

Le v. français écrivait *boulengier* par *en,* conformément à l'orthographe bas-latine du XIIᵉ siècle, *bulengarius.* Sous le bénéfice de ces observations et en tenant compte du sens, il est permis de le rattacher, ainsi que me le fait remarquer

M. Chabaneau, à *pollen, inis,* fleur de farine, farine fine, ou plutôt à *polenta,* que je rencontre traduit par *farina subtilissima* (ms. 211, f° 2, r°, IX-X° siècle, Bibl. de l'Ecole de méd. de Montpellier). *Polenta* a pu former *polentica,* d'où *polenticarius,* *polenger, et, par adoucissement, boulenger.

Le changement du *p* initial en *b* n'est pas normal, il est vrai, mais il n'est pas non plus sans exemple. (V. Hugo Schuchardt, *der Vokalismus des Vulgārlateins,* t. I, p. 124 et 125.) Enfin, ce qui rend encore plus probable cette étymologie, c'est que le limousin actuel, comme me l'apprend M. Chabaneau, a gardé la forme *boulen,* seconde farine, ce qui vient après la fleur, mot qui, malgré une certaine différence de sens, dérive visiblement du latin, et où le *p* latin initial est certainement devenu *b.*

Pollen a pu former * *pollineus,* comme *gluten, gramen,* ont formé *glutineus, gramineus,* et de *pollineus,* ou plutôt de *pollinea,* s.-entendu *farina,* on peut dériver * *poulenge* = boulenge, cf., pour *nea* = *ge,* lanea (vestimenta), lange. De *pollineus* dérive naturellement *pollinearius* = boulenger, comme *lactearius*[1], doublet de *lactarius,* se dérive de *lacteus.*

Ainsi, cette étymologie peut se ramener à deux formes également admissibles, * *polenticarius* et * *pollinearius.*

Per (latin) devant une voyelle = *br.*

Bramer. — « Du germanique ancien haut allem. *breman.* » Littré.

M. Littré rapproche de ce mot la forme italienne *bramare* et la forme roumaunsche *brammar;* mais il oublie d'en indiquer le vrai sens. Dans ces deux langues, *bramare* et *brammar* signifient principalement « désirer très-vivement. »

Du reste, ce sens est à peu près général dans les autres langues et même en français, où il se dit surtout d'un animal qui crie pour satisfaire un désir ; ainsi « nous voyons le cerf

---

[1] *Lactearius* figure dans les Ερμηνεύματα de J. Pollux, t. XXIII 2ᵐᵉ partie des *Notices des manuscrits de la Bibl. nationale,* pag. 386.

estant en rut bramer et crier après les biches.» (Paré, XVIII, 3., ap. Littré.)

Dans le Languedoc, on désigne par l'énergique appellation de *brama-pan* le mendiant « qui crie pour avoir du pain. »

Cette signification dominante permet, je crois, d'assigner à ce mot une origine latine. *Bramare* viendrait de *peramare*, aimer de toutes ses forces, désirer très-vivement. On sait que la combinaison *br* correspond parfaitement au *per* du latin suivi d'un mot commençant par une voyelle : cf. ital. *brustolare*, fr. *brûler*, de *perustulare*.

Le mot, destiné d'abord à marquer le désir, aura servi plus tard à exprimer les cris par lesquels il se manifeste.

1° *Ver* (latin) = *br*.
2° *Tica* (latin) = *che*.

Broche. — « Wallon, *broke ;* picard, *broque*, fourche en fer ; provenç. et espagn., *broca*, broche, pointe ; ital., *brocca ;* du latin *brocchus* ou *broccus*, dent saillante ; de là les significations pointe, crochet. » Littré.

N'est-il pas plus simple de faire venir ce mot de *verutum*, broche, par l'intermédiaire de la forme supposable **veruticum*, au pluriel **verutica* ? Là encore la substitution du *b* français au *v* latin initial aurait sa raison d'être.

Il est bon d'ajouter que l'italien *brocca* ne signifie pas « broche », mais « broc. »

1° *Per* (latin) devant une voyelle = *br*.
2° *Uncare* (latin) = *oncher*

Broncher. — « Norm., *brucher ;* de l'ancien français *bronche*, qui signifiait branche ; ancien espagn., *broncha*, même sens ; ital., *bronco*, tronc ; d'où *broncher*, parce que l'on se heurte contre un tronc d'arbre. Origine inconnue. On l'a rapporté au latin *bronchus*, le même que *brochus*, dent saillante (Voy. Broche) ; mais le sens est peu satisfaisant. Diez met en avant l'ancien haut allem. *bruch ;* flamand, *brok*, quelque chose de rompu, fragment ; mais il n'y a pas assez d'intermédiaires pour que l'on sorte de la pure conjecture. » Littré.

M. Littré a raison de faire des réserves, car il y aurait plus d'une objection à présenter. Il faut, avouer, du reste, que l'étymologie de ce mot n'est pas facile à trouver ; aussi ne mets-je la mienne en avant que comme une conjecture plus plausible que les autres.

Nous remarquerons d'abord que *broncher* avait dans l'ancienne langue le sens de *tomber*, et plus spécialement de *tomber la tête en avant*. On peut en juger d'après les exemples suivants, empruntés au Dictionnaire de M. Littré :

« XIVᵉ s. Thibaut fery de la hache qu'il tenoit, sur les espaules de Colart si grant cop qu'il le fist *brunquier* (tomber la tête en avant) sur le col de son cheval. Du Cange, *broquerius*. » — XVIᵉ s. Le grant colosse, à ce coup estonné, D'un sault horrible alla *bruncher* (tomber la tête en avant) par terre. Du bell, V, 9, *verso*. — Le corps sans nom, sans chaleur et sans face, Comme un grand tronc *broncha* (tomba la tête en avant) dessus la place. Rons., 596. »

Ce sens est confirmé par des exemples plus anciens, où le verbe composé *embroncher*, et l'adjectif *embronc* signifient toujours avoir la tête penchée en avant, et par extension être triste, sombre.

Le mot-racine nous est indiqué par le radical du simple, *broncher, bronc*, qui était un adjectif et non pas un nom, comme on doit le conclure de l'emploi du composé *embronc*, qui est toujours adjectif, ce qui permet de le rattacher directement au type fictif *peruncus*, très-recourbé, dérivé de *uncus*. De là *peruncare*, qu'on est en droit de supposer à côté du simple *uncare*, dont le participe *uncatus* existe réellement.

Pour la forme, il n'y a pas de difficulté, *per* devenant *br* normalement devant un composant qui commence par une voyelle : cf. *brûler* de *per-ustulare*; et pour le sens il n'y en a pas davantage. On conçoit, en effet, qu'on soit passé de l'idée de ce qui est crochu, recourbé (comme le bec des oiseaux, *rostrum aduncum*), à l'idée de ce qui est courbé, penché en avant. De là les différents sens déjà signalés et qui se touchent de très-près : 1° se tenir penché en avant ; 2° tomber la têté en avant; 3° trébucher comme si on allait tomber en avant.

Usticum (latin) = *úche*.

Bûche, bûcher. — « Wallon, *boiche;* rouchi, *boisse;* provençal, *busca;* sicil., *vusca;* de même radical que *bois.* » Littré.

Ne vaut-il pas mieux dériver *bûche* de **busticum*, et *bûcher* de **busticarium*, dérivés parfaitement supposables de *bustum,* bûcher? On s'explique ainsi l'*u* du français et du provençal.

1° *Calx, cis,* d'où le diminutif * *calciculus* (par métathèse) * *cacliculus* =
= *caillou.*

2° *Calx, cis,* d'où le diminutif *calculus,* d'où * *calculare* = *chauler.*

Caillou, chauler. — « Berry, *chillou, chaillou, caille, caillotte, chillotte,* petit caillou; Saintonge, *chail;* picard, *cailleu;* wallon, *caic;* namurois, *caiau;* rouchi, *caliau;* provenç., *calhau;* portug., *calhao.* Mot difficile. Diez, faisant ressortir l'analogie entre cailler et durcir, propose *cailler,* acceptable pour le sens; mais, si *caillou* avait même origine que *cailler,* on trouverait parfois dans les anciens textes *coaillou* (voy. l'historique de *cailler*), ce qui n'arrive jamais. Grandgagnage le tire du flamand *kai, kei,* caillou. A cause du sens, on ne peut guère, jusqu'à présent du moins, admettre que *calculus;* d'où, par suppression de l'*u* bref, *calclus;* d'où *chail* ou *chaille;* d'où, avec un suffixe *ou, caillou* ou *chaillou.* Ce suffixe *ou, au* dans le provençal, fait difficulté; car, représentant la finale latine *avus* (*clavus,* clou), on ne voit pas comment il s'est joint à *cail.* Au reste, les suffixes ont varié: il y a eu *ot, otte, eul, iel,* tous suffixes qui vont beaucoup mieux au primitif *cail* que le suffixe *avus.* Le celtique *cal,* dur, a été indiqué. » Littré.

Il n'y a pas de doute sur le radical du mot, et M. Littré a raison de le rattacher à *calculus,* mais il a tort de conserver cette forme telle quelle. *Calculus* n'aurait pu former en français que *chauil, chauille, chaul.* Ce dernier se retrouve, en effet, dans *chauler,* passer du blé à l'eau de chaux, qui vient de *calculare,* diminutif d'un verbe *calcare,* formé de *calx, cis* (chaux), comme *falcare,* de *falx, cis,* et tombé de l'usage par suite de sa ressemblance avec *calcare* (de *calx, cis,* talon), signifiant fouler aux pieds.

Ce n'est donc pas de *calc*ulus, mais bien de la forme métathétique *cacl*ulus que doivent se dériver les thèmes *cail, chail* et *chaille,* cf. gouvern*ail* de gubern*aclum* = gubern*aculum.*

Les suffixes à leur tour doivent se diviser en trois catégories : 1° *ot, otte,* suffixes diminutifs pour lesquels on ne peut pas remonter au latin, qui ne semble pas les avoir connus ; 2° *ou, eul, iel* (ou *ieul*), qui peuvent se ramener au latin *iculum* = *uculum,* cf. *genic*ulum, gen*ou,* gen*oil,* gen*euil* (Saintonge); 3° *au,* qui ne peut ici, comme l'a démontré M. Littré, se rattacher au latin *avum,* mais qui peut correspondre au suffixe *alum* ou *aculum.*

Ceci admis, il faut supposer trois formes également possibles : 1° *cacliculus,* forme masculine d'un type *caclicula* = *calcicula,* qui serait à *calx, cis,* ce que *falcicula* est à *falx, cis,* d'où *cailliel,* qui est dans Froissart ; 2° *cacluculus,* qui serait à *cacliculus* ce que *genuculum* est à *geniculum,* d'où les autres formes en *ou* et en *eul;* 3° *caclaculus,* qui serait à *caclare* = *calcare,* primitif de *chauler,* ce que *miraculum* est à *mirare* = *mirari.* C'est là *caclaculus* qu'on attribuerait les formes en *au,* et spécialement le provençal *calhau,* cf. le provençal *signau* de *signaculum.*

Ocularius = oulie (provençal).

Capouliè. — En provençal moderne, chef.

> Lous diatous e lous consous roumans
> D'aquel draiau n'avièn fach la grand via
> Que seguissièn, de Rouma en Iberìa,
> Lous *capouliès* de sas grandas legiouns.

(Revue des langues rom., t. IV, p. 435.)

«..... que suivaient, de Rome en Iberie, les *chefs* de leurs grandes légions.»

Je dérive ce mot de *capoclarius* = *capocularius,* doublet supposable de *capoclator* = *capoculator.*

Capoclator, d'après M. Darmesteter (*Romania,* n° 1, p. 95), est une expression du latin vulgaire qui date du II° siècle de notre ère, et que les commentateurs juifs traduisent par « qui veille sur les têtes.» On voit tout de suite combien ce mot ressemble, pour le sens et pour la forme, au mot provençal.

M. Darmseteter décompose *capoclator* en *capo* = *caput* et *clator* = *calator*. Mais il y a une objection à faire : c'est que le second terme composant, *calator*, n'exprime guère l'idée de surveillance, *calator* se disant des esclaves qui remplissaient l'office de crieurs. Le *nomenclator*, par exemple, était chargé de répéter à son maître le nom des visiteurs ou de ceux qu'il rencontrait. Pour arriver de là à l'idée de « surveillant », il faudrait évidemment forcer le sens du mot. *Oclator*, au contraire, dont la racine est *oculus*, œil, se présente de lui-même.

J'ai dit que *ocularius* pourrait être considéré comme un doublet supposable de *oculator*; c'est, en effet, ce qu'on est en droit de conclure des formes analogues, dont la coexistence est constatée par les lexiques : *torcularius* et *torculator*, ouvrier qui conduit le pressoir; *sigillarius* et *sigillator*, fabricant de cachets.

*Cudica de **cudicare* de *cudere*.

Coche, entaille. — « Provenç., *coca;* ital., *cocca;* anglais, *cock*. Origine obscure, mais peut-être celtique; car on cite le gaëlique *sgoch*, coche; kymri, *cosi;* bas-breton, *coch*. » Littré.

Il est plus simple d'y voir l'équivalent d'une forme **cudica* de **cudicare*, fréquentatif de *cudere*, frapper, graver en frappant

DOUBLE ORIGINE

*Correctiare de *correctus*, comparatif *correctior*.
2° **Corruptiare* de *corruptus* (pour *correptus*), comparatif *corruptior*.

Courroucer, courroux. — L'étymologie de ce mot est difficile et controversée. Voici ce qu'en dit M. Littré : « Ancien wallon, *coroche;* provenç., *corrotz;* ital., *corruccio*. Etymologie difficile. On a indiqué le latin *coruscare*, briller; mais le sens ne convient pas. Raynouard le rattache à *cour*, sans indiquer comment s'est faite la dérivation. Diez le tire de *cholera*, proprement bile, et figurément colère, par l'intermé-

diaire d'une forme *coleruccio ;* mais, s'il en est ainsi, comment
se fait-il qu'en aucune des formes ne paraisse l'*l* étymologique? On devrait trouver ce mot écrit quelquefois *colrouz.*
A l'appui de son dire, Diez cite l'ancien français *courine,* qui
signifie aussi colère, et qu'il dérive de *cholera,* par une forme
cholerina ; mais là aussi, d'une part, on regrette de ne pas
trouver parfois *coulrine ;* et, d'autre part, on a dans le provençal *coreilla, corilla,* qui paraît le même que *courine* et qui
dérive de *cœur.* En étudiant de près les formes du mot, on en
trouve deux au régime singulier : l'une plus rare, qui est
corrot, et l'autre plus commune, qui est *corrouz.* La première
correspond à l'italien *corotto,* deuil, et est évidemment un sub-
stantif fictif, *corruptus,* dérivé du participe *corruptus.* Que *corruptus* ait pu donner *corrot,* et *ruptus, rot,* c'est ce que prou-
vent les exemples suivants : Icellui suppliant a congneu
[avoué] que ses diz tesmoings il avoit induis et corroz [cor-
rompus]. Du Cange, *corrumpere.* Roz [rompus] ot les laz del
heaume de Bavière. *Bat. d'Aleschans,* v. 622. *Corrot* paraît
entraîner *courroux* et le rattacher à *corruptus,* par l'intermédiaire d'une forme *corruptium.* On conçoit sans peine que *corrumpere* ait pris le sens d'aigrir, mettre en peine, irriter ; d'ailleurs, le fait est certain pour le français *corrot* et l'italien
corrotto. »

Je pense que *courroucer* et *courroux* ont une double origine,
indiquée par les deux formes *correcious* du Fragment de Va-
lenciennes, et *corroptios, corroapt* de la Passion de Saint-Léger,
formes extrêmement anciennes, puisqu'elles datent, la première, du IX° siècle, la seconde, de la fin du X° ou du com-
mencement du XI°.

1° *Correcious* suppose *correcer,* et *correcer* se dérive très-
bien, pour le sens et pour la filiation phonétique, de **correctiare,* forme qu'on est en droit de supposer du comparatif
correctior (correctus, corrigere). — Un homme *corrigé* n'est
pas loin d'être *courroucé.*

2° *Corroapt* et *corroptios* doivent, au contraire, se rattacher à *corruptior* et à la forme supposable **corruptiare.*

Mais le sens ne favorise pas cette attribution. On est donc forcé de se rabattre sur la forme immédiatement voisine *correptiare* de *correptior*, comparatif de *correptus*, participe de *corripere*, qui a presque le même sens que *corrigere*, et qui signifie reprendre, blâmer. La ressemblance phonique l'aura fait confondre avec *corruptior* et *corruptiare*, d'où *courroucer*.

Observons enfin que la double origine *correctiare* et *corruptiare* (pour *correptiare*) rend compte non-seulement des deux formes françaises *correcious* et *corroptios*, mais encore des deux formes italiennes signalées par M. Littré: *corruccio*, courroux, et *corrotto*, deuil, et plus généralement de toutes les autres formes néo-latines de ce mot, moins le v. français *courine*, que M. Littré, du reste, rattache avec beaucoup de vraisemblance à *cœur*. Quant à la forme *corrouz*, restée telle même au cas oblique, dans l'ancienne langue, M. Littré la dérive justement du supposable * *corruptium*, nom formé de l'infinitif à thème de comparatif * *corruptiare*. *Corrot*, l'ital. *corrotto*, et *corroapt*, au contraire, viennent de *corruptum*. L'ancienne langue, ainsi que cela résulte de l'observation de M. Littré, leur préférait *corrouz*, qui correspond mieux à *courroucer*, et la langue actuelle, plus exclusive ou plus conséquente, les a rejetés complétement pour ne garder que celui-ci.

Escere (latin) par allongement de la pénultième $=$ *escire* $=$ *cir*.

Durcir, éclaircir, noircir, obscurcir. — Je ne prétends pas, cela va sans dire, donner de ces mots des étymologies nouvelles, car l'homme le moins exercé au raisonnement philologique voit, du premier coup, qu'ils sont dérivés de *durus, clarus, niger* et *obscurus*. Je veux seulement rendre compte du *c* intercalé à la suite du radical. M. Littré signale cette difficulté, mais sans l'expliquer.

Les verbes formés d'adjectifs sont tous ou presque tous terminés en *ir*, ainsi que l'a remarqué M. Chabaneau dans son *Histoire et théorie de la conjugaison française*, et calqués pour l'infinitif sur les verbes en *ére,* b.-latin *ire,* et pour les autres temps ou modes sur ces mêmes verbes conjugués en *escere, esco. escebam, escens.* Ainsi *fleurir* vient de *florere,* (*florire); mais *je fleuris, je fleurissais, florissant,* viennent de *floresco* (*florisco), *florescebam* (*floriscebam), *florescens* (*floriscens). Il semble que la langue, pour être plus uniforme, aurait dû adopter la finale allongée *escére* à l'infinitif. C'est, en effet, ce qui a eu lieu dans les dialectes de langue d'oc et aussi dans les dialectes et patois de langue d'oïl, voisins de la langue d'oc : cf. *enriche-zit* (V. mon *Mémoire sur le dialecte poitevin au XIIIe siècle,* au Glossaire) *négrezi* = *nigrescire pour *nigrescere.* (Fables de M. Burgaud-Desmarets.)

Les dialectes et patois de pure langue d'oïl ont seuls échappé à cette tendance. Cependant elle était trop forte pour n'y avoir pas pénétré quelque peu, et c'est de là que viennent précisément, selon moi, ces formes en *cir* pour *ir,* qui sont tout à fait exceptionnelles; car *noircir, durcir, éclaircir, obscurcir,* correspondent exactement à **nigrescire,* **durescire,* **ex-clarescire,* **obscurescire,* et le *c* doux de leur terminaison n'est que la reproduction phonique du groupe *sc* du latin.

Là ne s'est pas arrêtée la langue. Comme il arrive souvent, elle a dépassé le but par l'effort même qu'elle a fait pour l'atteindre. Elle aurait dû, pour se tenir plus près du latin, garder le *c* doux, équivalent de *sc* à l'infinitif seul, et l'écarter des autres modes, et dire je *durissais,* que je *durisse,* etc., = *durescebam, durescam* (ou *durisciam). Mais, cette fois, il s'est produit à peu près l'inverse de ce qui a lieu pour les autres verbes en *ir,* comme *fleurir.* Dans ces verbes, en effet, l'infinitif n'a pas plus subi l'influence des autres modes qu'ils n'ont subi la sienne. Ici, au contraire, l'infinitif, qui a emprunté le groupe *sc* aux modes en *esco. escebam,* etc., le leur impose une second fois, et nous voyons surgir les formes imprévues : je *durcis* = **durescisco,* je *durcissais* = **duresciscebam,* que je *durcisse* = *duresciscam (ou *durescisciam), au lieu de : je *duris* = *duresco* (*durisco), je *durissais* = *durescebam* (*duriscebam), etc., etc.

C'est de la même manière[1] que se sont formés en français les verbes dérivés de *court* et de *étroit*, *étrécir* et *raccourcir*. *Étrécir* = 1° *strictescire*, 2° *strict'scire*; j'étrécissais = 1°*strictesciscebam*, 2° *strict'sciscebam*. La forme berrichonne *étretzir*, citée par M. Littré (v. *Étrécir*), représente fort exactement le premier intermédiaire fictif *strictescire*, et la forme française *étrécir*, le second, *strict'scire*.

Les formes anciennes *estrecer* et *estrecier*, *acorcer*, *acorcier* et *acorchier*, se dérivent de primitifs en *iare*, tirés du thème des comparatifs *strictior* d'où *strictiare*, *curtior* d'où *curtiare*. (V. *Agencer*, p. 4.)

La forme *écourter*, demeurée seule en usage, est dérivée du simple *curtus* et non du comparatif *curtior*. De même, nous avons vu *tarder* dérivé de *tardus*, et *tarzer* de *tardior*.

DEUX ALTERNATIVES

1° Doublets de conjugaison, appartenant, l'un à la 1re en *er*, l'autre, à la 2e en *ir*.

2° *P.* (latin) initial = *b*.

Ébahir. — M. Littré reproduit avec doute l'opinion des étymologistes qui regardent ce mot comme dérivé de *bah*, exclamation naturelle d'étonnement.

Ébahir, v. français *esbaïr* et *esbahir*, est très-ancien, tandis que *bah* est tout récent; du moins n'en indique-t-on aucun exemple antérieur à l'époque actuelle. Le plus sûr est donc de suivre la route accoutumée et d'en demander l'étymologie au latin. Je ne vois que deux origines possibles : ou *esbahir* est formé de la particule *es* = *ex*, et du simple supposé *baïr* ou *bahir*, qui aurait été à *béer*, *baer*, en v. français « ouvrir la bouche », ce que *baillir* était à *bailler* (b. latin *bajulare*); ou bien il est pour *espaïr* ou *espahir*, par adoucissement du *p* en *b*,

[1] C'est aussi de cette manière qu'on explique les formes comme *guaresis*, sur lesquelles M. Chabaneau appelle l'attention .(V p. 77 de l'*Histoire et théorie de la conjug. française.*)

phénomène phonique dont on a plus d'un exemple. *Espaïr* ou *espahir* se rattache facilement, à tous les points de vue, à *ex-pavere*, neutre en latin et devenu actif en français. Cette seconde étymologie a l'avantage de faire concorder la conjugaison française et la conjugaison latine. En effet, *expavesco, expavescebam*, rendent parfaitement compte des formes inchoatives du français *je m'ébahis, je m'ébahissais*. Comparez *je fleuris, je fleurissais*, venant de *floresco, florescebam*.

La chute du *v* de *ex-pavesco* est normale, comme le prouve le v. français dissyllabique *paor*, devenu le monosyllabe *peur*, qui vient du même radical latin *pavorem*, dont le *v* est tombé. Du reste, le *v* originel n'a pas entièrement disparu ; on le retrouve dans le wallon *esbawi*.

FORMES SIMPLES DÉRIVÉES DE FORMES COMPOSÉES

1° *Sp*. (latin) = *ép*.
2° *Icare* (latin) = *ier*.

Epier. — « Provenç. et espagn., *espiar;* ital., *spiare;* du germanique : anc. haut-allem., *spehôn;* allem., *spahen;* danois, *spaa;* angl., *to spy*. Comparez le latin *spicere*. » Littré.

Ici encore c'est au latin seul qu'il faut recourir. *Epier*, v. français *espier*, vient de **spicare*, pour **spicari*, simple de *conspicari*, regarder, qui est lui-même très-classique.

Cette étymologie est de M. Egger. Diez, dans sa Grammaire (3ᵉ édit., I, pag. 29), ne la cite que pour la combattre. Il reconnaît bien qu'il n'y a pas de difficulté pour le sens et pour la phonétique, mais il en trouve pour l'historique, l'italien ayant *spiare*, et non *spicare* ou *spigare*. L'italien, en effet, conserve la gutturale latine. Mais M. Diez n'a pas songé que *spiare* pourrait bien être un emprunt fait au provençal ou au français, d'autant plus qu'il ne paraît pas être très-ancien. Le *Vocabolario* de l'Académie *della Crusca* n'en donne pas d'exemple antérieur à Boccace.

L'étymologie proposée par M. Egger doit donc être prise en sérieuse considération.

1° *Ex-r* (latin) = *ér.*
2° *Adiculare* (latin) = *ailler.*

Erailler. — Scheler le tire d'un type fictif *eradulare,* dérivé de *eradere;* M. Littré y voit plutôt un composé de *es* et du latin *rallum,* râcloir.

Eradulare et *exrallare* auraient plus probablement donné *éraler.* Il vaut mieux supposer un type bas-latin *ex-radiculare,* qui serait à *radere,* raser, râcler, ce que **fodiculare,* fouiller, est à *fodere.*

1° Nasalisation de la voyelle qui précède *ct* (latin).
2° *Ct* (latin) = *ch.*

Espincha. — Regarder avec curiosité, en dialecte de Montpellier.

Du latin *spectare.* Le changement de *sp* latin en *esp* est normal. Il en est de même du changement de *ct* en *ch,* comme on peut le voir au mot *oinces.* Quant à la nasalisation de *ect,* le même dialecte en donne un exemple certain : *penchina* de *pectinare,* où *pect* est devenu *pench.*

Le changement de *e* en *i* devant *ct* n'est pas non plus sans exemple dans ce dialecte, cf. *jità* de **jectare.*

1° *Ex t* (latin) = *est*
2° *Ere* (latin = *ir.*

Estcurbir, estourmir. — Mots du langage populaire, signifiant *assommer, étourdir.* L's vibrante indique un emprunt fait, soit aux dialectes du N.-E. picard, wallon, soit à ceux du S.-E.

Je dériverais *estourmir* de *estourbir,* avec changement non anormal de *b* en *m,* et *estourbir* d'un type fictif **exturbesco,* infinitif *exturberc,* venant de *turbidus :* cf. *fervidus, fervesco,* etc.

Udére (latin) = *ovoir*

Estovoir, estuet. — En v. français, *falloir, il faut.* Diez, avec raison, le dérive de *studere,* qui, exprimant le désir, l'effort vers un but, a très-bien pu arriver à exprimer l'idée de besoin, et partant de *nécessité*. La phonétique n'y contredit pas, car la dentale médiane isolée a plus d'une fois été remplacée par *v* : cf. pou*v*oir de po*t*ere , et le normand (des îles) s'assié*v*ait = se assi*d*ebat.

La conjecture de Diez est très-plausible et pour moi certaine. Cependant des exemples où *studere* se trouverait employé avec le sens de *oportere, debere,* ne peuvent que lui donner plus de force. Comme il est possible que le savant philologue n'en ait pas remarqué, je crois devoir citer le suivant :

Se hoc facere debebat, de hac causa ipsi illi compascere debirit : sin autem non poterit, quicquid lex de tale causa et docet (*sic*) emendare *stodiat*.

(Formules angevines, XXIV.)

On peut traduire : « *Il faut* qu'il se conforme aux prescriptions de la loi », aussi bien que « *qu'il s'efforce de* ......, *qu'il fasse en sorte de.* »

Cette formule finale figure encore dans les nᵒˢ X, XI, XXX, et peut toujours se traduire des deux manières. Au nᵒ XXVIII, *debeat* est substitué à *studeat,* substitution qui vient à l'appui de mon observation :

Si hoc facere potebat, quietus et securus resediat ; sin autem non potuerit, contra ipso hominem satisfacere *debeat.*

Dans tous ces passages, la formule que nous citons termine le prononcé d'un jugement. Chaque pièce est intitulée : *Incipit judicius.*

1ᵉ *St* (latin) = *èt*.

2ᵒ *Atare = ayer.*

Étai, étayer. — M. Littré dérive *étayer* de *étai*, et rattache celui-ci au flamand *staede, staye,* appui.

Je crois, au contraire, qu'ici le nom procède du verbe, que *étai* vient de *étayer.* Ce qui donne, d'abord, un caractère de probabilité à cette conjecture, c'est que les exemples pour le v. français *estaier* sont plus nombreux et beaucoup plus anciens que pour *estai*. Or *estaier* suppose un type *statare*, que l'on est en droit de dériver de *statum*, supin de *stare*, comme *natare*, du supin (inusité) *natum* de *nare*. *Estaier* et *estai* sont à *statare* et *statum* ce que *delaier* et *delai* sont à *dilatare* et à *dilatum*. Quant au sens, je n'ai pas besoin de faire remarquer qu'il concorde parfaitement avec la filiation phonétique.

1° *St* (latin) = *et*.
2° *Aculum* = *al*

Étal. — En v. français, ce mot désignait la position d'une personne ou d'une chose qui est debout, qui est en équilibre.

Nus remeindrum en *estal* en la place.

(*Chanson de Rol.*, v. 1108.)

Le sens primitif étant aussi nettement indiqué, il semble qu'on aurait dû rapprocher *estal* du latin *stare*, comme on a fait, et avec raison, pour *étage*, v. français *estage*, qui indiquait le lieu où l'on stationne, et qu'on a dérivé d'un type fictif *staticum*. Mais cette fois encore on a préféré recourir à l'allemand.

Voici les renseignements étymologiques que donne M. Littré : « Bourguign., *étau* ; wal., *sta* ; provenç., *estal*, *estau*, place, séjour ; anc. espag., *estalo* ; portug., *estao* ; ital., *stallo* ; de l'anc. haut-allem., *stal*, lieu clos et couvert ; angl., *stall*, établi ; holland., *stael*. Comparez l'allem. *stellen*, placer, et le grec στέλλειν, disposer. »

Pour moi, je le ferais venir du type supposable *staculum*, simple de *ob-staculum*.

La terminaison *aculum* a produit, il est vrai, plutôt *ail* que *al*, cf. gubern*aculum*, gouvern*ail*. Cependant il n'est pas sans exemple qu'elle ait produit *al*, comme le prouve la forme Dumir*al*, à côté de Dumir*ail*, = de — mir*aculo*, Duport*al*, à côté du nom commun port*ail*.

Cette assimilation de *étal* à *staculum* nous permet aussi de retrouver l'étymologie de *estal* dans le mot composé *piédestal*,

mot relativement récent, comme on est en droit de le conclure
de ce fait que l's initiale du groupe st ne s'est pas changée en
é, piédétal.

Le *piédestal*, pied d'*estrail*, comme on disait au XVᵉ siècle
(V. Littré), est le *pedes * staculi*, le pied, la base de l'objet qui
est debout.

L'*r* épenthétique de *estrail* peut être considérée comme normale après *st :* cf. Bauti*stre* = Baptiste (Chartes du moyen
âge), tri*stre* = triste (dans Rutebœuf), etc.

1° *St* (latin) = *ét*.
2° *Atilis* = *ale*.

Étale. — Adjectif qui désigne l'immobilité de la mer lors-
qu'elle a cessé de monter et qu'elle ne descend pas encore,
de l'ancre qui s'arrête au fond, du filet qu'on laisse tendu.
M. Littré le dérive, ainsi que *étal, étaler,* de l'anc. haut-allem.
stal, lieu clos et couvert. On a déjà vu que *étal* doit plus vrai-
semblablement se rattacher à *staculum.* Quant à *étale,* adjectif
des deux genres, je le dériverais aussi du latin, de ** statilis,*
qui a pu être employé en double à côté de *stabilis :* cf. *flexilis*
et *flexibilis,* et surtout *versatilis* et *versabilis.*

1° *St* (latin) = *ét*.
2° *Facere* = *fer*.

Étouffer, Biffer, Ébaffer

ÉTOUFFER. — Les savants ne sont pas d'accord sur l'étymologie de ce mot. Voici ce qu'en dit M. Littré : « Bourguign.
étôffai ; wallon, *sitofé, stofé ;* de *es.....* préfixe, et un radical
touf, qui se trouve dans l'italien *tuffo,* immersion ; l'espagnol
tufo, vapeur ; le provençal moderne *toufe,* vapeur étouffante ;
le lorrain *toufe,* étouffant. Ce radical est rattaché par Diez au
grec τύφος, vapeur. Scheler conteste cette étymologie, objec-
tant que les autres langues romanes qui auraient le primitif
n'auraient pas le dérivé *étouffer,* et que *toufe* n'est pas dans le

français (ce qui n'est pas complétement exact, puisqu'il est
dans le lorrain); en conséquence, il incline à regarder *étouffer*
comme identique avec *étouper*, par l'intermédiaire du germanique : anc. h.-allem., *stuphan*; allem., *stopfen*. Ce qui semble
parler pour Diez, c'est que le français, le bourguignon et le
wallon, gardent l'*f* pour *étouffer*, et le *p* pour *étouper*. »

Les étymologies proposées par Diez et par Scheler sont
suspectes par cela seul qu'elles s'appuient sur le grec et sur
l'allemand. On ne doit recourir à l'une de ces deux langues
qu'avec beaucoup de précaution, quand l'historique du mot
le permet, et surtout quand il est bien avéré qu'il est absolument impossible de le rattacher au latin. C'est pour me con-
former à ce principe, et parce qu'il me paraissait étrange que
l'italien, l'espagnol et le portugais, qui ont été si rarement les
débiteurs philologiques de l'allemand, lui eussent emprunté
ce mot en même temps que le français, que j'ai cherché uni-
quement dans le latin la solution du problème. J'ai remarqué
d'abord que la finale *fer* pouvait, comme celle de *chauffer*, correspondre à *facere* (chauf*fer* = cale*facere*, calidum facere);
puis, guidé par le sens et par la ressemblance de forme, j'ai
rattaché la première partie d'*étouffer* (*étouf* = *stouf*) au latin
stupe de *stupe-facere*, d'où évidemment *estouf-fer*, de même que
chauf-fer de *cale-facere*.

A ceux qui seraient tentés d'objecter que le latin avait
toujours la signification active, tandis que son dérivé français
est tantôt actif, tantôt neutre, il suffirait de répondre qu'on a
plusieurs exemples parfaitement authentiques de ce double
emploi attribué par le français à des verbes qui, en latin, ne
l'admettaient pas.

Le v. français donne *estofeger* (v. mon *Dialecte poitevin au*
XIIIe siècle, p. 207), mot que je dériverais, non de *stupefacere*,
mais de *stupificare*, analogue comme formation à *vivificare*.
Quant à *ficare*, devenu *ger* en français, on peut comparer
aïger de *œdificare*, dans deux textes du XIIIe siècle. (V. *Ro-*
mania, avril 1872, p. 166, 169.)

Le provençal a conservé cette forme :

« E l'entourtouio e l'*estofego* » (et l'entoure et la suffoque).
Mistral, *Calendau,* ch. XII.

On doit expliquer de la même manière, par l'identification de
fer et de *facere,* les mots suivants : 1° *biffer,* de *bife-facere,*
= bifidum facere, 2° *épaffer* et *ébaffer* (divers patois français),
de *expave-facere* = pavidum facere.

M. Littré reconnaît qu'on ne sait rien de certain relativement à l'origine de *biffer.* « Ménage, dit-il, le tire de *blafard,*
parce qu'en effaçant on rend pâle ; ce qui ne peut se soutenir.
On a, dans le bas-latin et l'ancien français, *biffa* et *biffe,* signifiant une sorte d'étoffe qui était rayée : Et de *biffes* camelines
raiées (*Liv. des mét.,* 393). Qui veut sa robe de brunete, D'es-
carlate ou de violete, Ou *biffe* de bone maniere (BARBAZAN,
Fabliaux, éd. MÉON, t. IV, p. 179). Il serait possible que de là
on eût fait *biffer* pour rayer. »

L'étymologie que je propose a l'avantage de résoudre toutes
les difficultés de forme et de sens. *Bife-facere* = bifidum facere, littér. faire fendu, c'est-à-dire fendre, représente bien
l'effet produit par la raie longitudinale que trace la plume en
biffant un mot. De plus, l'adjectif féminin *bifida* a très-bien pu
former le v. français *biffe,* étoffe rayée. C'est ainsi que *vive*
s'est formé de *vivida.*

La racine de *épaffer* est *paf,* mot populaire dont M. Littré
cite un exemple pris dans le romancier Balzac : Vous avez
été joliment *paf* hier (*Un grand homme de province à Paris*).
Epaffer, ébaffer et *abaffer,* usités dans plusieurs patois français et notamment dans le poitevin, ont le sens général de
« frapper d'étonnement, de stupeur », et se disent surtout des
personnes à qui l'extrême chaleur, l'épuisement, l'ivresse, enlè-
vent la conscience de leurs actes. « J' seû *ébaffé,* j'en peû pù ! »
dirait un paysan de l'Ouest ; c'est-à-dire, Je suis anéanti, je
n'en peux plus ! Ces trois mots, comme l'indique suffisamment leur ressemblance de sens et de forme, ont une origine
commune, qui est *pavidus* pour *paf,* *expave-facere* pour *épaffer*
et *ébaffer.* Le seul rapprochement des formes latines et des
formes françaises rend cette dérivation visible, et la significa-

tion du mot latin n'y contredit pas, car on perd la tête, on est *paf, pavidus*; aussi bien d'ivresse ou d'épuisement que de peur.

Agitare (latin) = *atter*

Flatter. — « Bourguign., *flaittai ;* prov., *aflatar ;* d'après Diez, du germanique : scandinave, *flat,* plat, uni ; anc. h.-allemand, *flaz ;* de sorte que *flatter* serait proprement rendre uni, comme quand on passe la main. Ainsi la série des sens est : caresser avec la main, adoucir, charmer, délecter, aduler. » Littré.

Il est inutile de recourir à l'allemand : le latin suffit à rendre compte de cette étymologie. *Flatter* vient de *flagitare,* prier, solliciter avec insistance : *Metuo ne te forte flagitent, ego autem mandavi ut rogent.* Cic. Je crains qu'on ne te presse ; j'ai bien recommandé qu'on se bornât à te demander (ap. Quicherat, *Dict. lat.-français*). *Flagitare* a même, dans Ulpien et Lactance, un sens plus rapproché de *flatter.* Ces deux auteurs l'emploient avec la signification de « solliciter au déshonneur, *tenter de séduire.* » Il est aisé de comprendre que l'idée plus spéciale de « flatter » se soit dégagée de ces diverses acceptions, surtout de la dernière.

Fr (latin) = *fl.*

Flouer. — « Terme d'argot devenu populaire : voler, escroquer, duper. — Serait-ce une corruption de *filouter ?* » Littré.

Le latin nous fournit l'étymologie cherchée. *Flouer* vient de *fraudare,* tromper, duper. La substitution de *ouer* à *audare* est de règle : cf. *laudare, louer,* mais non celle de *fl* à *fr*, qui peut être considérée comme exceptionnelle. Cependant elle n'est pas sans exemple : cf. *flamboise* (genévois, poitevin) pour *framboise, flairer* de *fragrare*, le nom propre *Flobert* dérivé du b. latin *Frodebertus.* A ces exemples on peut en joindre un autre presque semblable, *pl = pr :*

Rum*ple* nl[1] farai e flagellar.

(*Pass. du Chr.*, st. 58, pour « rum*pre*. »)

Et un autre encore qui est beaucoup plus ancien et tout à fait semblable : F*lagilitatis* .*humane*, pour *f*ragilitatis. (Ms. 13246, VIIe s., f° 185, v°, Bibl. nat., fonds latin.)

R (latin) initial = *gr*.

Gratter. — « Provenç. et espagn., *gratar;* ital., *grattare;* bas-lat., *cratare;* du germanique : anc. haut-allem., *chrazón;* isl., *kratta;* allem., *kratzen*. » Littré.

Le latin suffit à rendre compte de cette étymologie. *Radere* signifie râcler, gratter ; le dérivé fictif *raditare,* devenu *graditare* par l'épenthèse du *g*, aurait pu donner naissance à *gratter*. On pourrait aussi, à la rigueur, rendre compte du *g* initial en dérivant *gratter* d'un type fictif *corraditare. C'est ainsi que Diez tire *creux* de *corrosus*

Grimelé. — « Se dit des vieillards dont la figure est couverte de rides, des fruits dont la peau est ridée. » (*Gloss. poitevin* de Beauchet-Filleau.)

Ne doit-on pas le ramener à un type * *grimulare*, formé, par épenthèse du *g*, de *rima, rimula*, fente, les rides étant considérées comme autant de fentes sur la peau du visage ou des fruits?

Grimer (se) a un sens analogue, se peindre des rides. Diez le dérive de l'ital *grimo*, ridé, qu'il dérive lui-même de l'anc. h.-allem. *grim*, colère, furieux. On voit qu'il est plus sûr de s'en tenir au latin.

1° *R* (latin) initial = *gr*.
2° Nasalisation de la voyelle devant le groupe latin *ct*.
3° *Ct* (latin) = *ch* = *c* (doux).

Grincer. — « Picard, *grincher;* de l'anc. haut allem. *gremizón*, grincer des dents ; anglo-sax., *grimetan*. » Littré.

Grincer, grincher, en Poitou ; *gricer*, en Saintonge, viennent de *grictare*, forme qu'on est en droit de supposer d'après

---

[1] *Rumple nl* pour *rumpre l'en* est la vraie leçon du ms.

'rictum, supin de **ringere*, actif de *ringor* : grogner en montrant les dents. V. Freund, au mot *rictare*.

Pour l'épenthèse de *g* devant *r*, cf. *grenouille*, de *ranuncula*, *grillons* et *rillons*. Nous savons que *ct* peut devenir *ch*, *c* doux français , et, de plus, que la voyelle qui précède peut se nasaliser ; cf. *penchina*, de pectinare, d'où ** grictare = gricher = grincher = grincer*.

> 1° *Cor* = *cro* (par métathèse)= *gro*.
> 2° *Ovula* = *ole* ou *olle*.

Grolle. — « Espèce de corbeau. — Hist. XVIᵉ s. Je voyois d'autre part cueillir les noix aux groles, qui se resjoyssoient en prenant leur repas et disner sur lesdits noyers. Palissy, 87. — Etym. D'après Diez, *graculus* ou *gracula ; acul* donnant, il est vrai, d'ordinaire, *ail*, mais aussi *ole* ou *eul*, comme dans l'ancien français *seule*, de *sœculum*. Quelques dictionnaires italiens donnent *grola*, qu'alors Diez suppose tiré du français. » Littré.

Ce passage donne lieu à plusieurs observations. *Grolle* désigne bien le corbeau, mais il désigne au moins aussi souvent la corneille noire :

Grolle, corbeau, corneille noire :

> « Chaque *grolle* picque sa nas. »
> Chaque corneille pique sa noix.
>
> (Beauchet-Filleau, *Gloss. poitevin.*)

Même définition dans le glossaire du comte Jaubert.

Comme ce sont les corneilles et non les corbeaux qui abattent les noix, il est évident que, dans l'exemple cité de Palissy, *grolles* désigne les corneilles. C'est de ce mot que Rabelais a formé l'adjectif *grollier*, « le noyer *grollier*. »

Voilà pour le sens.

L'étymologie proposée par Diez ne me semble pas bien étayée. Je proposerais de dériver *grolle* de **grovula* = **crovula*, forme métathétique supposée de **corvula*, féminin de **corvulus*, diminutif de *corvus*. *Corvulus*, il est vrai, ne se trouve pas dans les lexiques, pas plus, du reste, que *corvellus,* que personne cependant ne repousse comme générateur immédiat de *corbeau;* mais on ne peut admettre l'un sans présupposer l'autre. En effet, *corvellus* s'est formé de *corvulus,* et *corvulus* de *corvus,* absolument comme *vitellus* s'est formé de *vitulus.* Cette filiation philologique est aussi fatale, aussi inéluctable, que la filiation animale.

Le groupe *vula* (*grovula), étant analogue phonétiquement au groupe *fula* (scro*fula*), a très-bien pu, comme lui, permuter en roman avec le groupe *la* ou *lla* (ancien provençal), *lo* ou *llo* (provençal moderne); cf. *escrolo,* écrouelle, plus rapproché du prototype *scrofula* que le mot français, qui vient du diminitif *scrofella.*

1° V (latin) initial = *g.*
2° *Aditare* = *aiter* = *eter.*

Guetter.—« Picard, *vatter,* regarder; Bar-le-Duc, *ouaiter:* norm., *guetter,* regarder ; wallon, *waiti;* provenç., *gaitar, gachar;* ital., *guatare;* de l'anc. haut-allem. *wahtân,* veiller, garder. » Littré.

Je dériverais ce mot de **vaditare,* fréquentatif supposable de *vadere,* aller souvent, aller çà et là, faire le *guet, guetter.* De cette acception primitive serait venue celle de *surveiller, épier,* avec ou sans mouvement. Ce qui donne encore plus de vraisemblance à cette étymologie, c'est que les plus anciens textes conservaient l'*a* originel : E si aveir (bestiaux) trespassent per iloc ù il deivent *waiter.* Lois de Guill. 32, XIe s. — Eschar*gaite,* XIIe s. — *Gaitoit,* XIIIe s. Il faut observer néanmoins que cette étymologie ne rend pas compte du doublet provençal *gachar,* que je tirerais de * *vadicare.*

FORMES SIMPLES DÉRIVÉES DE FORMES COMPOSÉES

Ct (latin) = *ch.*

Licheur. — « Terme populaire. Celui qui aime à boire et a bien manger. — Étym. Le verbe populaire *licher,* qui est archaïque et qui est une autre forme pour *lécher ; Gallis olim* lichard, dit DU CANGE, *lecator.* » Littré.

M. Littré a raison de voir dans ce mot, tombé aujourd'hui dans le domaine des illettrés, une épave de notre plus ancienne langue littéraire. Rien de plus fréquent dans nos vieux poëmes que *licheor, lecheor, lechierres,* etc... Mais je ne suis plus autant de son avis quand il assimile *licher,* aimer la bonne chère et la débauche, à *lécher,* et qu'il le dérive du germanique : anc. h.-allem., *leechôn ;* anglo-sax., *liccian;* angl., *to lick;* allem., *lecken.* Pour moi *licheur,* v. français *lecheor,* et *licher,* faire bombance, viennent, l'un de *de-lectatorem ;* l'autre, de *delectare,* qui tous deux ont perdu la syllabe initiale *de.*

J'observe plus loin que le groupe *ct* latin pouvait produire en roman *ch* (v. le mot *oinces*); au moins sur ce point il n'y a donc pas de difficulté. Il n'est pas aussi aisé de rendre compte de la suppression de la particule *de.* Jusqu'ici on n'a, à ma connaissance, rien signalé de pareil ; non que les exemples manquent, mais on n'a pas remarqué cette particularité qui, une fois bien constatée, s'explique d'elle-même. En effet, la particule *de* ne contredit pas toujours le sens du mot auquel on la joint ; souvent, au contraire, elle l'affirme encore plus : cf. *devincere; debellare,* etc. Or, si on la retranche, le verbe conserve exactement le même sens, tout en l'exprimant avec moins de force. Il n'y a, par exemple, entre *vincere* et *devincere,* que la différence du plus au moins, du comparatif ou du superlatif au positif. La langue pouvait donc, sans trop y perdre, abréger les mots ainsi composés; elle le pouvait surtout, et devait être tentée de le faire, pour ceux dont le simple n'était pas usité. Ainsi, *lectare* n'existant pas ou n'existant plus en latin, il n'était pas aussi nécessaire de maintenir la particule *de,* destinée à marquer une différence en plus. *Delicheor* (de-lectatorem) se trouvait, par manque de comparaison, avoir le même sens que *licheor* (lectatorem); dans ce cas, il était naturel que le second prît le dessus, car l'usage, toujours expéditif, préfère d'ordinaire les formes les plus courtes.

C'est de la même manière que j'expliquerais les formes suivantes : *ouvrir* de *de-operire*, *ôter* de *de-haustare*. Ces deux étymologies, entrevues par Diez et par M. Littré, n'ont pas été nettement dégagées, parce que ni l'un ni l'autre n'ont remarqué la loi de possibilité qui régit la chute de la particule *de*.

Le b.-latin *leccator* ou *lecator* n'est pas autre chose que la forme latinisée du v. français *lecherres*, imaginée à une époque où l'on n'avait plus conscience de la filiation étymologique qui rattachait ce mot à *de-lectator*.

Ct (latin) = *ch*.

Macher (*a* bref). — Ce mot s'est conservé dans les patois français de l'Ouest (Saintonge et Poitou) et dans des patois de langue d'oc, « macha » (Périgord et Limousin).

Macher (prononcez l'*a* très-bref). Meurtrir : yeux *machés*, c'est-à-dire yeux battus.

Machure. Contusion, meurtrissure.

(*Glossaire du Poitou*, par L. Favre.)

Ce mot s'est conservé en français dans certaines locutions. « Une viande tendre, qui se *mache* facilement. — Les choses en cet état, j'estimai qu'il les fallait reposer et *macher*. » Ces deux exemples sont empruntés au Dictionnaire de M. Littré. Il va sans dire que *macher* y figure avec l'accent circonflexe, M. Littré le confondant avec *mâcher*, du lat. *masticare*.

Ce qui me fait préférer la prononciation abrégée, c'est que nos paysans l'ont adoptée dans des locutions analogues. Les savants n'ignorent pas qu'entre deux prononciations différentes, l'une qui a cours parmi les lettrés, l'autre parmi les paysans, c'est toujours, ou presque toujours, la seconde qui est la bonne.

Ainsi un paysan saintongeais dira qu'un fruit *se mache*, quand il devient mou à la suite d'un coup ou d'une maturation prolongée.

Le sens le plus usité est celui qu'indique l'auteur du glossaire poitevin précédemment cité : *macher* veut dire surtout *meurtrir*. Il dérive de *mactare* par le changement normal du

groupe *ct* en *ch*. C'est **un** doublet de *mater,* dérivé, lui aussi,
de *mactare.*

1° Métathèse de *ign* en *ing.*
2° *Gulus* = *gre.*

Malingre. — « Diez le tire de *mal* et de l'ancien français
heingre, languissant, faible ; *heingre,* à son tour, lui paraît venir du latin *æger,* malade, avec intercalation de la nasale *n.* Le
bas-latin *maliginosus* a le sens de *malingre,* mais il ne peut
donner *malingre.* » Littré.

L'étymologie proposée par Diez est très-contestable. Outre
que l'*h* et l'*e* de *heingre* ont complétement disparu et qu'il eût
semblé naturel qu'au moins l'un des deux subsistât dans *malingre,* on ne comprend guère que *mal* puisse se joindre à un
adjectif qui a déjà par lui-même le sens péjoratif. C'est à peu
près comme si l'on disait : « Cet homme est mal languissant,
mal débile. » Ce serait une exception, et tellement illogique,
qu'il faudrait plus d'un exemple analogue pour la faire ac-
cepter.

D'un autre côté, *maliginosus,* cité par M. Littré, ne peut,
comme il le fait observer, former *malingre ;* mais ce rapprochement même nous met sur la voie. *Malingre* vient de * *malignulus,* forme diminutive de *malignus,* qu'on est parfaitement
en droit de supposer : cf. *blandulus, pallidulus* de *blandus, pal-
lidus,* ou plus exactement de **malingulus,* avec métathèse de
l'*n,* comme dans *malin* = *malingus = *malignus.*

J'ai déjà eu occasion de remarquer ailleurs (*Notice des mss.
de la Bibl. nat. et autres bibliothèques,* t. XXIII, 2° partie,
p. 543) que les diminutifs étaient, autrefois comme aujour-
d'hui, l'apanage de la langue familière. Il est donc très-pos-
sible que *malignulus* ait existé dans le langage courant des
Romains, sans avoir trouvé l'occasion de pénétrer dans leur
langue littéraire, dans leur langue écrite, la seule où aient
pu puiser nos lexiques.

Pour le changement de *ulus,* ou plutôt *ulum,* en *re,* comparez
titulum, titre.

Dicare (latin) = *ger*.

Manger. — On s'accorde à le dériver directement du latin *manducare,* tout en observant que cette dérivation procède d'une faute d'accent, et que la forme régulière était en v. français *manjuer* et en provençal *manjuiar*.

Je crois plutôt que *manger,* ital. *mangiare,* dérive du fréquentatif *mandicare,* qu'on est en droit de supposer de *mandere,* supposition que confirme un exemple emprunté à un texte transcrit au Xe siècle : Posuit eis caseum et aquam. *Mandicantibus* autem eis, facta est congraegatio multa. (*Vie de saint Mammet.* Ms. 156, f° 31, v°. Bibl. de la Faculté de médecine de Montpellier.)

Quant à *manjuer,* il dérive évidemment de *manducare*.

Ceci était écrit quand j'ai lu l'article récemment paru de M. Storm (*Mémoires de la Société de linguistique de Paris,* t. II, 2me fascicule), où est présentée la même étymologie. Je laisse subsister mon explication, quoiqu'elle fasse double emploi avec celle de M. Storm, car le fait de se rencontrer sans s'être entendus est un argument de plus en faveur de la thèse soutenue.

Ct (latin) = *ch* = *ss*.

Massacre. — Ce mot désignait d'abord la *boucherie,* au moins en Normandie. C'est le sens que donne le plus ancien exemple qu'on en cite, exemple qui date du XIIIe siècle.

Il s'écrivait *machacre*.

« On le tire, dit M. Littré, du germanique : bas-allemand, *matsken,* haut-allem., *metzgern,* égorger. Cette étymologie, plus probable qu'une inversion qui, du bas-latin *scramasaxus,* coutelas, aurait donné *massacre,* paraît d'autant plus assurée que *massacre* veut dire boucherie, et que *metzgern* signifie égorger du bétail, et *metzger* boucher. »

Je le tire du latin *mactacrum,* qui est à *mactare,* immoler, égorger, ce que *lavacrum* est à *lavare. Mactacrum* a formé *machacre* par le changement de *ct* en *ch,* et *machacre* est devenu *massacre* par l'adoucissement de *ch* en *ss*.

1° *Ille* (latin) = *il*.

2° *Illia* (latin) = *ille* (mouillé), et, par exception, = *ille* (non mouillé).

Mil, mille. — « Dans la supputation ordinaire des années, quand *mille* est suivi d'un ou de plusieurs autres nombres, on retranche la dernière syllabe : *l'an mil huit cent soixante-deux*, et non pas *mille*. On n'emploie *mil* que quand la date commence par cet adjectif numéral, et Mercier a donné pour titre à son ouvrage : *L'an deux mille quatre cent quarante*. Mais Béranger a écrit par licence : Bénissons Dieu, qui met chaque chose en son lieu : Celles-ci sont pour l'an trois mil ; Ainsi soit-il, *Ainsi soit-il!*... — Eтyм. Provenç., espagn. et portug., *mil* ; ital., *mille* ; du latin, *mille*, que Corssen rattache à un radical sanscrit *mil*, réunir, rassembler. » Littré.

Les observations de M. Littré sur l'emploi de *mil* et de *mille*, et l'étymologie qu'il en donne, sont incomplètes. Il dit bien quand, mais non pas pourquoi il faut écrire tantôt *mil* et tantôt *mille*. Il ne nous dit pas non plus comment le latin *mille* a pu former en même temps *mil* et *mille*.

Voici comment on doit expliquer cette anomalie.

D'abord il faut bien observer que le latin *mille* n'a pu former en français que *mil*, comme *ille*, il, et que *mille*, v. français *milie*, ne peut venir que de *millia* : observation essentielle, qui du premier coup nous met sur la voie. En effet, *mille* seul, et non *millia*, pouvait s'employer au singulier. Pour mille, un mille, on disait *mille* : mille années, *mille anni*, ou plus rarement *annorum*, et non *millia*, ce dernier ayant exactement le sens de notre mot *millier* employé au pluriel. Par conséquent, les anciens auteurs avaient raison d'écrire invariablement *mil*, et non *mille*, toutes les fois que ce nombre était au singulier, se conformant ainsi à la syntaxe latine, qui, dans ce cas, aurait exigé *mille* (et non *millia*). Et cette règle, rigoureusement observée, ne s'appliquait pas seulement aux dates, mais à tous les nombres où le latin employait *mille*.

Mil et *mille*, ou *milie*, n'étaient jamais confondus. Ils correspondaient toujours : 1° *mil* à *mille* signifiant un millier,

2° *mille* ou *milie* à *millia,* signifiant plusieurs milliers. Il va sans dire que je n'ai pas examiné tous nos anciens textes pour m'assurer de ce fait. Ce serait un travail hors de proportion avec le but à atteindre. J'ai pensé que la *Chanson de Roland,* avec ses 4,002 vers, fournirait assez d'exemples, et des exemples assez certains, pour établir cette règle. Voici les résultats auxquels je suis arrivé :

Le nombre *mille* y est exprimé............ 67 fois.

Milie, où le latin aurait mis *millia*........ 47 fois.

Mil, où le latin aurait mis *mille*........... 17 fois.

Mil, où le latin aurait mis *millia* et où le

    copiste aurait dû mettre *milie*.......... 3 fois.

La règle aurait donc été appliquée soixante-quatre fois contre trois où elle ne l'aurait pas été, ce qui justifierait amplement la règle que j'ai formulée. Mais ce qui achève la démonstration, c'est qu'en réalité il n'y a pas d'exception, attendu que, dans les trois vers où on a écrit *mil* pour *milie,* la mesure, d'accord avec le sens et avec la règle, prouve bien que c'est *milie* qu'il faut lire :

Ensembl' od li plus de xx. *mil* humes.   v. 2.578.

Fait sun eslais véant cent *mil* humes.   v. 2.997.

C. *mil* humes i plurent ki 's esguardent.   v. 3.882.

Ces trois vers, comme on le voit, sont faux si on lit *mil,* et cessent de l'être si, avec M. Theodor Müller, dont je suis l'édition, on rétablit *milie* = *millia.*

Génin, l'un des éditeurs, et non des moins méritants, de ce poëme, n'ayant ni connu, ni deviné cette règle, a rétabli la mesure d'une manière tout à fait arbitraire. Pour le premier vers, il a lu xxx. *mil;* pour le second, *dous cent mil,* et pour le troisième, cc. *mil,* restitution nullement justifiée comme on le voit.

Ceci prouve une fois de plus combien la tradition, en orthographe comme ailleurs, est tenace, même quand elle a cessé d'être comprise, et prouve aussi qu'il faut bien se garder de la rejeter d'emblée et sans prendre la peine de l'examiner.

3

1° *Minim* (latin) = *merm* = *marm* = *maum* = *môm.*

Môme. — « Terme populaire. Gamin, petit enfant. — Hist. xvi° s. Or cessent donques les momes De mordre les escripts miens, Puisqu'ils sont frères des tiens (Du Bellay, ii, 49, *verso*). Etym. Dans l'exemple de du Bellay, *môme* paraît signifier moqueur et se rattacher à *momerie*. C'est à ce mot aussi que probablement se rattache *môme*, terme populaire. » Littré.

L'étymologie de ce mot est, comme on le voit, incertaine. Si l'on écrivait *maume,* qui est, je crois, la vraie forme et qui cadre bien avec la prononciation, on serait probablement moins embarrassé. En effet *maume,* qu'on trouve comme terme composant dans le nom propre *Maumenet,* peut se dériver des formes intermédiaires *marme, merme,* dérivées à leur tour et très-certainement du latin *minimus.* Il est vrai que le changement de *n* latin en *u*, formant diphthongue avec une voyelle précédente, est rare, mais il n'est pas sans exemple : cf. le berrichon *aumailles* (*Glossaire* du comte Jaubert) qui vient de *animalia.*

C'est encore à *minimus* ou, pour parler plus exactement, à un dérivé latin de ce mot, à *minimalia,* qu'il faut rattacher notre mot *marmaille* et l'italien *marmaglia.* Du même radical viennent aussi les noms propres suivants, qui ont conservé l'*r* : *Mermet* (*minimatus*), *Marmier* (*minimarius*), *Mermillod* (*mini-mill-ottus*), etc.

Ulsa (latin) = *ousse.*

Mousse (des liquides), **mousser, mousseux.** — « On peut penser, dit M. Littré, que la *mousse* (écume) a été dite ainsi par une assimilation de mollesse, de boursouflure, avec la *mousse* (plante). »

Sans nier la vraisemblance de cette explication, il me paraît incontestable que *mousse* (écume) vient du féminin de *mulsus,* participe de *mulgeo,* traire, comme *pousse,* une pousse d'arbre, de *pulsa.* Le liquide qu'on trait mousse toujours.

Quant à *mousse* (plante), je le dériverais de *muscus* féminisé et prononcé *mousse*, pour le distinguer de *musca*, mouche.

1° Chute du *j* initial.

2° *Ct* (latin) = *ch* = *c* (doux*)*.

Oinces. — Ce mot, particulier aux patois du Centre et de l'Ouest (Berry, Saintonge et Poitou), désigne les *jointures* des doigts. Rabelais s'en est servi :

Mais je dirai cela de luy qu'il ha bien les plus dures *oinces* qu'oncques je senty sus mes espaules. (P. 362.)

L'éditeur traduit à tort par *ongles*, signification que ce mot aurait encore dans le Berry, si l'on en croit M. le comte Jaubert; mais je soupçonne qu'il se trompe.

Quelle en est l'étymologie? Comme il ne figure pas dans les vieux textes, il n'a pas d'histoire, et l'on ne peut dès lors remonter sûrement à son origine. On est donc réduit aux conjectures. Tout d'abord on est tenté de dériver *oinces* de *uncas*, accusatif féminin pluriel de *uncus*, crochu, dont le diminutif *ungula* a donné *ongle*. Mais le sens s'y oppose, ou du moins s'y prête difficilement. Conjecture pour conjecture, je préférerais le dériver de *juncta*, féminin du participe passé de *jungere*, lequel a formé l'italien *giunta*, signifiant *jointure*. Le sens concorde parfaitement, mais on se trouve arrêté par deux difficultés phonétiques, par la disparition du *j* et le changement du groupe *ct* en *c* doux, *cta = ce*.

Commençons par la seconde, par le changement de *cta* en *ce*. Pour bien comprendre la démonstration qui va suivre, il faut d'abord se rappeler que *ce* peut correspondre directement au groupe latin *tica*, qui cependant devient plus souvent *che*, cf. per*tica*, per*che*, mais * pan*ticam* p. pan*ticem*, *pance* (aujourd'hui et moins bien *panse*). D'un autre côté, il est admis que le groupe latin *ct* peut être considéré parfois comme l'équivalent de *tc*, qui n'est autre que *tic* ou *tec* moins la voyelle : cf. flec*tere*, * flec*cire*, flé*chir* ; noc*tem*, * no*tcem*, dialecte de Montpellier nio*ch*; iac*te*, forme populaire, *la*tce*, dans le même patois la*ch*.

Juncta a donc pu former *joinche* et *joince* à côté de « *jointe* », et l'on conçoit que les patois aient préféré la seconde forme, plus douce à prononcer que la première, qui est affectée de la double articulation chuintante *j* et *che*,

Reste à rendre compte de la chute du *j* initial.

Ce phénomène, quoique rare, n'est pas sans exemple dans la prononciation française, surtout quand la syllabe suivante est *che*, cf. le normand *hucher, huchier*, pour *jucher*, la variante *honchets* pour *jonchets*, admise par l'Académie, et que M. de Monmerqué écrit *onchets*. V. Littré, au mot *jonchets*.

La phonétique ne s'oppose donc pas à ce qu'on rattache *oince* à *juncta;* quant au sens, on vient de voir qu'il s'accommode bien mieux de *juncta* que de *unca*.

1° *Ad·re* (latin) = *ar* = *er* = *or*.
2° *Colligere* = *cueillir* = *gueillir*.

Orgueil, orgueillir (S'en). — « Wallon, *orgou, ôrgou;* anc. liégeois, *orgowe;* provenç. *orguelh, erguel, orguoil, orgoil, argull;* catal. *orgull;* espagn., *orgullo;* portug., *orgulho;* ital., *orgoglio;* ancien ital., *argoglio;* de l'anc. haut-allem. *urguol,* remarquable, insigne, *urgilo*, orgueilleux; anglo-sax., *orgel,* orgueilleux. L'anc. haut-allem. se décompose en *ur, us*, répondant au lat. *ex,* et *guol, gil, gal,* pétulant, luxuriant. » Littré.

Pour cette étymologie, c'est encore au latin qu'il faut recourir, car il est peu probable qu'un mot allemand ait pu s'imposer ainsi à toutes les langues néo-latines occidentales sans exception.

Nous remarquerons, en premier lieu, que comme *accueil, recueil,* qui sont formés des infinitifs *accueillir, recueillir, orgueil* vient de *orgueillir,* primitif de *enorgueillir;* en second lieu, que les deux dernières syllabes de ce verbe peuvent très-bien se rattacher à la forme latine *colligere;* en troisième lieu, que le changement de *c* dur latin en *g* dur roman après *r* est suffisamment justifié par l'exemple si connu de ver*e*cundia = ver*g*ogne; en quatrième lieu, que la première syllabe affecte trois formes : *or, ar, er,* « *orguelh, erguel, arguel* », qui doivent évidemment se ramener à une seule. Si nous préposons chacune d'elles au verbe *colligere*, nous ne trouvons que *ar-colligere* qui puisse représenter une forme populaire probable. *Ar-colligere* à son tour conduit très-vite à *ad-re-colligere*, d'où *arguel*, *erguel* et *orguel*.

Quant à l'hypothèse du changement de *ar* latin en *or* et *er*, d'où *erguel* et *orguel*, elle est suffisamment autorisée par es exemples suivants : *armarium*, *ormoire* (prononciation populaire); *articulum*, *orteil* ; *fabrica* (*farbica*), *forge* ; *garba*, *gerbe*, etc.

L'adjonction de *ad* aux verbes qui commencent par la particule *re* n'est pas non plus sans exemples : cf. *arrester* = *ad-re-stare*, *arraccomidare* = *ad-re-accommodare* (expression populaire de l'Italie centrale). (Ap. Storm, *Mémoires de la Société de linguistique de Paris*, t. II, 2ᵉ fasc., p. 117.)

Enfin le sens lui-même concorde mieux qu'on ne serait tenté de le croire avec la filiation phonétique : *colligere* et son composé *recolligere*, employés (coïncidence remarquable), comme leur dérivé *orgueillir*, avec le pronom réfléchi, avaient la signification particulière de « se remettre, reprendre des forces, reprendre courage. » Or, de la force morale à la fierté et à l'orgueil, il n'y a qu'un pas.

* *Usitilia : usitare* = *fictilia : * *fictare* .

Outil. — M. Littré rejette avec raison l'étymologie proposée par Diez, *usitellum*, qui aurait donné *outeau*, et y substitue *usitilia*. A l'appui de son opinion, je ferai remarquer que *usitilia* serait à *usitare* ce que *fictilia* est à *fictare*, de *fictum*, supin de *fingere*.

TRIPLE ORIGINE

1° *Probus.*
2° *Prox, cis.*
3° *Providus.*

Preux. — « Provenç., *pros*; ital., *pro*, *proda*. Mot très-difficile. En français, le nominatif est *pros*, le régime est *prou*, *preu* et quelquefois *prode ;* le pluriel nominatif est *pros* et *prou ;* le régime pluriel est *pros,* et aussi *prodes ;* au féminin, le nominatif est *preus, pruz,* et aussi *prode.* Le provençal dit au masculin et féminin *proz,* sans distinction de cas. D'après les règles de l'ancien français, ces formes supposeraient un adjectif latin qui serait le même pour le masculin et le féminin, par exemple *prodis ;* mais *prodis* n'existe pas dans la latinité. Diez hésite entre une dérivation de la préposition *pro,* pour, et l'adjectif *probus.* Le fait est que le bas-latin rend constamment *preux* par *probus,* et *prouesse* par *probitas ;* sens qui, étant étrangers à la latinité, peuvent avoir été attribués à ces mots à cause d'un vague sentiment d'une communauté entre *preux* et *probus.* Dans cet état de choses, il n'est pas impossible que *probus,* qui avait un adverbe *probiter,* se soit changé en *probis,* et de là en *prodis.* On a des exemples de cette mutation : la préposition *od* pour *ob*[1], représentant de *apud,* et en italien *bue brado,* jeune bœuf non dressé, au lieu de *bue bravo.* Mais, jusqu'à présent, cela ne dépasse pas la valeur d'une conjecture. Malgré quelques coïncidences de sens, ce qui empêche de tirer *preux, prode,* de *prudens, prudentem ,* c'est que le régime serait dans l'ancienne langue *proent.* » Littré.

Ce qui ressort le plus de cet exposé, c'est qu'aucune des formes latines proposées ou supposées ne convient pour tous les cas. J'ajoute qu'il est impossible de les expliquer par une origine unique, puisque les formes diverses qu'affectait ce mot dans l'ancienne langue sont irréductibles entre elles. Ainsi saint Louis, d'après Joinville[2], distingue pour la forme et

[1] Cet exemple ne me semble pas heureusement choisi, attendu que le *d* de *od* doit se dériver du *d* final de *apud,* plutôt que du *p.*

La dérivation que suppose M. Littré n'est pas plus exacte que ne le serait, par exemple, celle qui consisterait à rattacher le *t* de *a* dans « a-*t*-il», au *b* et non au *t* du latin *habet.*

[2] (P. 306.) Li dus de Bourgoingne, de quoy je vous ai parlei, fu mout bons chevaliers de sa main; mais il ne fu onques tenus pour saige ne à Dieu ne au siècle ; et il y parut bien en ce fait devant dit. Et de ce dist li

pour le sens *preu* de *preude* (*preu home* et *preudome*), et, d'un autre côté, *proz, prous, preus,* avec la sifflante à tous les cas du singulier et du pluriel, au féminin comme au masculin, ne peuvent en aucune façon être regardés comme identiques avec *prous* nom. sing., faisant *prou* au cas oblique du singulier et au nominatif pluriel.

Ce n'est pas tant le sens que la forme qui empêche cette assimilation. Il est visible en effet, malgré la distinction que faisait saint Louis, distinction qui, du reste, semblait peu connue de ses interlocuteurs, que *preux* avait *ad libitum* le sens : 1º de prudent, clairvoyant ; 2º de brave, supérieur ; 3º de vertueux, honnête, et qu'on devait être tenté de confondre ces acceptions, qui différaient peu entre elles. Qu'on joigne à cela la très-grande ressemblance du radical, et l'on comprendra que les flexions casuelles, qui n'avaient guère de valeur que pour l'orthographe, aient été impuissantes à prévenir cette confusion.

Cependant ce sont ces mêmes flexions qui doivent guider l'étymologiste et lui permettre de retrouver la filiation, si obscurcie par la confusion des sens et la presque identité du radical.

grans roys Phelippes, quant l'on li dist que li cuens Jehans de Chalons avoit un fil et avoit à non Hugue pour le duc de Bourgoingne, il dit que Diex le feist aussi preu home come le duc pour cui il avoit non Hugue.

Et on li demanda pourquoy il n'avoit dit aussi preudomme : « Pour ce, fist-il, que il a grant difference entre *preu home* et *preudome.* Car il a mainz preus homes chevaliers en la terre des crestiens et des Sarrazins, qui onques ne crurent Dieu, ne sa Mère. Dont je vous di, fist-il, que Diex donne grant don et grant grace au chevalier crestien que il seuffre estre vaillant de cors, et que il seuffre en son servise en li gardant de pechié mortel ; et celi qui ainsi se demeinne doit l'on appeler preudome, pour ce que ceste proesse li vient dou don Dieu. Et ceus de cui j'ai avant parlei puet l'on appeler *preuz homes,* pour ce qu'il sont preu de lour cors et ne doutent Dieu ne pechié. »

Joinville (*Jean sire de*), *Histoire de saint Louis*, Credo et lettre à Louis X, texte original, accompagné d'une traduction par M. Natalis de Wailly, membre de l'Institut. — Paris, 1874, librairie Didot.

De même que les acceptions, les anciennes formes de *preux* peuvent se ramener à trois : 1° la forme avec *z* pour le nominatif masculin singulier, avec dentale et *e* muet final pour le cas oblique ; 2° la forme avec *z*, et plus tard *s*, à tous les cas, sans distinction de genre et de nombre ; 3° la forme avec *s* au nominatif singulier, sans *s* au cas oblique singulier et au nominatif pluriel.

Je dérive :

1° *Prode, preude, proude, prude,* des deux genres, du latin *providus,* cf. *roide,* des deux genres, de *rigidus;*

2° Le provençal *proz,* et le français *proz, prouz, preuz, preus,* conservant la sifflante à tous les cas, sans distinction de nombre ni de genre, du latin *prox, cis,* primitif de *procer, proceris,* pluriel *proceres ;*

3° *Prous, preus,* au nominatif masculin singulier, et au cas oblique masculin pluriel, *preu,* au cas oblique singulier et au nominatif pluriel masculin, du latin *probus.*

L'assimilation de la troisième forme *prous, preus, preu,* à *probus* avait été déjà faite et ne souffre pas de difficulté. Il en est de même, je crois, de celle de *prode, preude,* etc., à *providus.* Elle paraîtra naturelle si on admet la confusion de sens. Quant à l'assimilation de la forme avec flexion sifflante invariable *z* ou *s,* de *proz, prouz,* etc., avec *prox, cis,* elle est aussi vraisemblable que les deux autres ; mais, comme elle touche à un point particulier de la phonétique romane, et que, de plus, la forme *prox, cis,* ne figure pas dans les lexiques, je suis obligé d'entrer à ce sujet dans de nouveaux développements.

Le *z* final, en roman, correspond non-seulement à la dentale latine suivie du son sifflant, mais encore au *c* suivi de *e* ou de *i,* c'est-à-dire au *c* doux. Ainsi *vocem, voces,* s'écrivaient toujours en roman par la dentale sifflante *z* ou par la sifflante simple *s,* ou, comme aujourd'hui, par la gutturo-sifflante *x, voz, voiz, vois, voix,* et jamais *voi,* même au cas oblique du singulier. Par conséquent il est tout simple que *prox, cis,* qui est tout à fait analogue à *vox, cis,* ait produit une forme *prox*, et *preus*, où la sifflante finale ait toujours persisté.

Mais *prox, cis*, est-il bien latin, et sa signification cadret-elle bien avec celle du mot roman? On trouve la réponse à cette question dans le *Dictionnaire* de Freund. On y voit que *proceres* avait pour génitif archaïque *procum*, au lieu de *procerum*, ce qui suppose évidemment pour le singulier *prox, cis*, de même que *proceres, procerum*, suppose *procer, eris*.

« PROCUM PATRICIUM in descriptione classium quam facit Servius Tullius, significat *procerum* : hi enim sunt principes. » (*Fest., p.* 249, ed. Müll.)—« Jam (ut censoriæ tabulæ loquuntur) FABRUM et PROCUM audeo dicere, non *fabrorum* et *procorum*. » *(Cic. Or., 46, 156.)*

Freund donne aussi la forme *prox*, mais en observant que c'est un mot indéclinable, « une sorte d'exclamation de bon augure », que Festus définit ainsi : « Prox, bona vox, velut quidam præsignificare videtur, ut ait : Labeo de jure pontificio. » On pourrait à la rigueur y voir le vocatif de *prox*, primitif de *procer*, comme un équivalent de l'italien *bravo!* et de notre exclamation *bon! bon!*

Quoi qu'il en soit, *prox, cis* a dû exister, à un moment donné, avec le même sens que *procer, eris*. Ce sens est nettement indiqué par Festus ; c'est celui de *princeps*, le premier, le principal. C'était en quelque sorte un superlatif à forme de positif. Il n'est donc pas étonnant qu'il ait pu servir à indiquer le plus haut degré de trois qualités différentes, mais non pas opposées, de la prudence (*providus*), de la vertu (*probus*), de la vaillance, la qualité la plus recherchée des grands, des principaux (*proceres*).

Les formes étaient restées distinctes, grâce au purisme orthographique de nos ancêtres ; mais il n'en était pas de même des sens afférents à chaque forme : ils s'étaient tout à fait confondus, et cela de bonne heure. Ainsi on voit *pros*, au nominatif pluriel, dérivant par conséquent de *proces*, « supérieurs », et répondant cependant pour le sens à *providi*, « clairvoyants » :

Li marenier (les matelots) orent paor :
Li plus sage po i saveient,
Et li plus *pros* po i veeient.

Je traduis ce dernier vers par « Et les plus *clairvoyants* peu y voyaient. »

(WACE, *Vierge Marie*, p. 5.)

On voit *prodes*, qui ne peut venir que de *providos*, employé comme équivalent de *proces* = *proceres* « supérieurs », et par extension « vaillants » :

Lors li manda Jonathas mil *prodes* homes (mille *vaillants* hommes). (*Machab.* I, 11.)

Pour compléter cette démonstration, et au risque de l'allonger, je reproduis la plupart des exemples de M. Littré, en intercalant à côté de chaque forme le mot latin d'où elle dérive. C'est le meilleur moyen de contrôle que je puisse offrir au lecteur.

« XIᵉ s. Rolans est proz (*prox*) et Oliviers est sage. *Ch. de Rol.* LXXXV. ‖ XIIᵉ s. Et un suen escuier n' i volt il oublier, Rogier de Brai, un brun, un prode (*providum*) bachelier. *Th. le mart.*, 48. Mielz valt fiz à vilain qui est prouz (*providus* ou *prox*) et senez, Que ne fait gentilz hum failliz et debutez. *Ib.* 65. Et Judas oï le renon des Romains, que il estoient preuz (*proces*) des armes. *Machab.* I, 8. (Preuz des armes = *proceres armorum*, tournure tout à fait latine, équivalant à celle que citent les lexiques : *Proceres gulæ*, littéralement les *preux* de la bouche, c'est-à-dire les fins gourmets.) Dit Alaïs, la preus (*prox*) et la senée. *R. de Cambrai*, CLXXIV. Prou furent et vous fustes pros (*proces*). *Brut.* v. 12898. ‖ XIIIᵉ s. Chars de vielle chievre n'est preus (*prox*) au cors de l'ome[1]. ALEBRANT, f. 46. Cil poisson ne sont preu (*probi*) à user, ID. fᵒ 62. La prode (*provida*) fame l'esgarda. MARIE, *Fable* 33. Amur n'est pruz (*prox*) ne n'est egals. ID., *Equitan*. Fruiz n'est prous (*probus*)

[1] M. Littré imprime *l'home*. C'est une faute qui certainement n'est pas dans l'original. car *h* tombait après l'élision; de là *l'on* et non *l'hon*.

qui se maüre (mûrit), *Poésies ms. avant 1300,* t. I, p. 455, dans
Lacurne, au mot *fruit.* Et en li demanda pourquoy il n'avoit
dit aussi preudomme : Pour ce, fist-il, que il a grant difference
entre preu (*probum*) homme et preudomme (*providum*), Joinv.,
275. » Littré.

On me pardonnera d'avoir insisté si longuement sur cette
étymologie, en reconnaissant que c'est une des plus com-
pliquées que l'on puisse rencontrer.

Oximus (latin) = *ôme.*

Prôme (au). — Cette expression, dont le sens est « dans un
instant », est fort usitée dans les environs de Vitry, en Cham-
pagne. Elle est très-heureusement formée et mériterait de
passer en français.

C'est le latin *ad proximum* (*quodque momentum*); litt.: « au
moment le plus rapproché. » *Proximum* avait formé en v
français *prosme,* le prochain.

Bula (latin) = *fle.*

Ronfler. — Diez y voit une onomatopée. Ne pourrait-
on le dériver de *rhombulare,* verbe fréquentatif ou familier
formé de *rhombus,* toupie? Le groupe *b'l* peut devenir *fle :* cf.
buf*fle* de bu*balus,* fondu*fle* (*Chanson d'Antioche,* vi, 982) de fun-
di*bulum,* et sif*fler* de si*bilare.*

DOUBLE ORIGINE

1° * *Rubiculare.*
2° * *Rodiculare.*

Rouiller.—Dérivé de *rouille,* d'après M. Littré. « Rouille;
Berry, le *rouil;* génev., *le rouille;* provenç., *roill, ruil, ruil,
ruylha,* et *rozilh, ruzil;* catal., *rovell;* espagn., *robin;* ital. *rug-
gine.* L'espagnol et l'italien viennent du latin *robiginem,*
rouille, cela est certain. Les autres formes romanes sont considérées par Diez comme des diminutifs de *robiginem.* *Ru-il,
ru-i-lle,* ainsi prononcés comme on le voit par les vers, con-
duisent à *rubigilum* (ru-il), et *rubigila* (ru-i-lle). M. Boucherie

tire *rouiller* de *rutilâre*, être rouge ; mais *rutilus* ne s'accommode pas aux formes provençales ou catalanes. » Littré.

L'objection faite par M. Littré, contre l'étymologie que j'avais présentée, *rutilare* = rouiller, est fondée ; mais elle s'applique aussi, au moins pour les formes provençales *rozilh* et *ruzil*, à celle de Diez. Le *b* de *robigo* ne peut avoir donné naissance au *z* provençal. Il faut, pour en rendre compte, remonter au *t* ou *d* latin isolé médian. L'on trouve, en effet, une forme latine où figure la dentale et qui explique parfaitement toutes les formes citées par M. Littré, sauf, bien entendu, les formes espagnole et italienne, qui viennent, comme le veut Diez, de *robiginem*. Quant au catalan *rovell*, on doit le rattacher à la forme fictive *rubicula*, dont le radical est garanti par la forme authentique *rubicare*.

La forme latine, qui a donné naissance à *rouiller* et, par dérivation, à *rouille*, est *rodiculare*, qui est au type fictif antérieur *rodicare* = saintongeais *rouger*, et au type premier réel *rodere*, ronger, ce que *fodiculare* = fouiller est à *fodicare*, saintongeais *fouger*, et à *fodere*, fouir. Au lieu d'exprimer l'idée de couleur, le provençal et le français ont préféré exprimer l'idée de rongement.

Cependant il n'est pas impossible qu'il y ait eu mélange des deux sources : 1° *rubiculare*, 2° *rodiculare*. *Rubiculare* convient presque aussi bien que *rodiculare* aux formes françaises et franco-patoises *rouiller, le rouil, le rouille*, et aux trois formes provençales *roill, ruil, ruylha ;* mais *rodiculare* seul, je le répète, rend compte des deux autres formes provençales *rozilh* et *ruzil*.

Ucul (latin) = *ouill.*

Souiller. — Voici ce qu'en dit M. Littré : « Même radical que pour *souille ;* provenç.; *sulhar, solar ;* port., *sujar ;* vénit., *sogiare*. Il n'est pas besoin de recourir au germanique : goth., *bi-sauljan ;* allem. mod., *sich suhlen*, se vautrer. » — « *Souille...* du lat. *suillus*, qui appartient au cochon. »

M. Littré a raison de rattacher *souiller* au latin ; mais la forme *suillus* ne convient pas, attendu que *ill* a donné en français *il* ou *ell*, dont l'*l* n'a pas le son mouillé : cf. *ille, il; illa, elle; puella*, puelle (Mons-en-Puelle). *Patula = Peyelle*

Sucula, diminutif de *sus, is,* d'où se serait formé *suculare = *souiller,* se prête mieux aux exigences de la filiation phonétique. Quant au sens, il n'y a pas de difficulté, attendu qu'il est absolument le même dans les deux cas.

Tundere. d'où * *tudicare* = *toucher.*

Toucher. — « Bourguig., *tôchai,* frapper; Berry, *touche-aux-nues,* homme de petite taille; provenç., *tocar, tochar, toquar;* espag. et portug., *tocar;* ital., *toccare;* d'après Diez, de l'anc. haut-allem. *zuchôn,* tirer, arracher. Ce qui rend cette étymologie très-probable, c'est que *se toucher* a signifié s'échapper, se tirer (voy. l'Historique), ce qui serait inexplicable si *toucher* représentait un radical analogue à *tac,* du latin *tac-tus.* » Littré.

Se toucher n'a pas tout à fait le sens que lui attribue M. Littré dans l'exemple auquel il renvoie : Renart remaint, Tybert *s'en touche,* Si li escrie à plaine bouche : Renart, Renart, vos remanez, Et je m'en vais touz delivrez. *Ren.,* 2,061.

Il signifie plus exactement *s'en aller, partir de,* se rattachant ainsi à l'un des sens actuellement en usage de *toucher.* On dit en effet *toucher,* pour « faire avancer, faire partir »; en parlant des animaux : Touche, cocher! CORN., *Veuve,* III, 9 (ap. Littré). De là *toucheur,* conducteur de bœufs. Or on conçoit très-bien par quelle suite d'idées on est venu du sens primitif « frapper un animal » à celui de « le faire avancer. »

Cette difficulté écartée, la question devient plus simple, un sens unique supposant une forme unique.

Tac-tus, auquel on ne peut s'empêcher de songer quand on étudie cette étymologie, conviendrait parfaitement, n'était l'*a* du radical qui n'a pu, normalement du moins, devenir ni *o,* ni *ou,* ni *u,* voyelles qu'on retrouve dans les trois formes de *toucher,* v. français *tucher* et *tocher.* La seule forme qui convienne est * *tudicare,* primitif de *tudiculare.* employé par Varron, et analogue pour le sens à *tundere,* frapper.

Remarquons, en passant, que le supin de ce même verbe a formé le provençal moderne *tusta*, frapper = *tusitare,* qui est à *tusum* ce que *usitare* et *visitare* sont à *usum* et *visum.*

Trans (latin = *tras* = *tres* = *tré.*

Tréteau. — « Pièce de bois longue et étroite, etc..... — Etym. Angl., *trestle.* Diez le tire du néerland. *driestal,* siége à à trois pieds, ce qui est peu satisfaisant, soit pour le sens, soit pour la forme. Le celtique offre, au contraire, une bonne étymologie : kimry, *trestyl,* tréteau, de *trawst,* poutre ; bas-bret., *trenstel,* de *treust, trest,* poutre. » Littré.

Le néerlandais n'a rien à voir dans la question. Quant aux formes anglaise, kimryque et bas-bretonne, elles dérivent, surtout la dernière, du latin *transtellum,* variante supposable de *transtillum,* pièce de bois longue et étroite, diminutif de *transtrum* qui a le même sens.

Le changement de *trans* en *tras* ou *tres* et *tré* est normal (*transtellum,* *trastellum,* v. fr. *tresteau,* fr. moderne *tréteau*); cf. *tressuer* de *transsudare.*

MONTPELLIER, IMPRIMERIE CENTRALE DU MIDI
(Ricateau. Hamelin et C°.)

www.ingramcontent.com/pod-product-compliance
Lightning Source LLC
LaVergne TN
LVHW022120080426
835511LV00007B/936